사회가 재밌어지는 흥미진진 사회이야기

초판 1쇄 발행 2017년 5월 5일

글 손혜령
그림 권희주

발행인 박형준
펴낸곳 도서출판 거인
출판등록 제2002-000121호
주소 서울시 마포구 와우산로48 로하스타워 803호
전화 02-715-6857,9
팩스 02-715-6858
편집책임 안성철
디자인 박윤선
마케팅 이희경 김경진

이야기 사회교과서 1

사회가 재밌어지는 흥미진진 사회 이야기

글 손혜령
그림 권희주

차례

꼬물꼬물 지리

1. 세상을 종이에 담는 비밀 '지도' · 8
2. 신기한 바늘 '나침반' · 12
3. 왜 지도를 암호처럼 그릴까? · 16
4. 우리 땅이 할아버지 나이라고? · 20
5. 일 년 내내 추운 나라가 있다고? · 24
6. 도시엔 왜 사람들이 바글바글해? · 28

알뜰살뜰 경제

7. 없는 것 없이 다 팔아요, 시장! · 34
8. 왜 옛날 돈엔 구멍을 뚫었을까? · 38
9. 쓰고 만드는 '소비'와 '생산' · 42
10. 물건들의 멀고 먼 여행 '유통' · 46
11. 은행에선 왜 이자를 주는걸까? · 50
12. 합리적인 소비 습관이란? · 54

굽이굽이 역사

13. 도구로 온 세상을 주름잡다! · 58
14. 최초의 자동차는 바퀴가 세 개였대! · 62
15. 소식을 전하는 '봉수'와 '파발' · 68
16. 살아 숨 쉬는 그릇, 옹기 · 72
17. 나쁜 일을 쫓아내는 '탈춤' · 76
18. 큰 명절 '설'과 '정월 대보름' · 80

두루두루 정치

19. 공공 기관이 뭐야? · 86
20. 왜 어린이들에겐 선거권이 없지? · 90
21. 나라 최고의 우두머리 대통령 · 94
22. 국가는 어떻게 생긴걸까? · 98
23. 지방 자치가 뭐야? · 102

흥미진진 사회문화

24. 옛날에는 왜 여러 세대가 모여 살았지? · 108
25. 우리를 둘러싼 모든 것이 환경이야 · 112
26. 쓰레기 분리수거 나도 할 수 있어 · 116
27. 정보의 바다에 퐁당 빠져볼까? · 120
28. 상투 틀고 비녀 꽂고 결혼하자! · 124

1. 세상을 종이에 담는 비밀 '지도'

원시인들도 지도가 있었을까?

아주 먼 옛날, 원시인에게도 지도가 있었답니다. 지금처럼 종이가 없던 옛날에는 머릿속에 있는 모습을 대충 모래 위나 동물의 가죽, 나무에 그림을 그려서 지도로 사용했어요. 태평양과 가까운 섬에 살던 사람들은 야자나무 잎의 줄기에 작은 돌이나 조개껍데기를 달아서 섬의 위치, 파도의 방향을 표시해 두었지요.

현재 남아 있는 세계에서 가장 오래된 지도는 고대 바빌로니아 점토판 지도예요. 진흙에 지도를 그린 다음 햇빛에 잘 말려 만든 것이죠. 꽤 단단해서 좀처럼 지워지거나 썩지 않아요.

이 지도는 현재 영국의 한 박물관에 보관돼 있답니다. 이보다 뒤늦게 풀로 만든 종이 파피루스에 그린 이집트의 지도도 전해지고 있어요. 고대 이집트 인은 세금을 걷는 사람들에게 지도를 만들어 주었답니다. 지도를 보면서 세금을 낼 사람들을 잘 찾으라고 말이에요.

지도는 쓸모가 아주 많아

지도는 종류만 해도 수백 가지나 된답니다.
대부분의 지도는 지형도예요. 지형도는 지역마다 어떤 도시와 산과 강이 있는지, 고속도로나 철도는 어떻게 나 있는지 땅 모양을 알려 줘요.
여행하는 사람들에게 관광 지도는 필수 준비물이죠. 이것만 있으면 각 고장의 이름 난 유적지와 소문난 먹을거리들을 간편하게 찾을 수 있어요. 소풍을 가는데 다음 날 비가 내릴까 걱정스럽다고요? 각 지역의 기후와 날씨만을 알려 주는 날씨 지도를 추천해 줄게요.
땅 모습만 지도에 담으란 법 있나요? 하늘과 바다를 담은 지도도 있어요. 끝없이

관광 지도

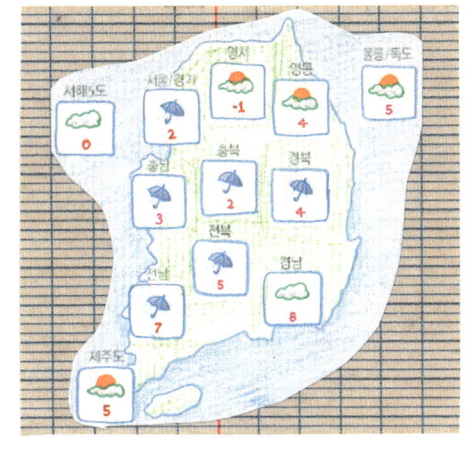

날씨 지도

바다만 이어져서 어디쯤 왔는지 알 수가 없는 바다에선 길을 잃기가 쉽답니다. 이럴 때는 바다의 모습을 알려 주는 지도, 즉 해도만 있으면 바다의 깊이, 섬 모양, 등대의 위치까지 나와 있어 안전하게 목적지를 찾아갈 수 있답니다.
계절마다 달라지는 별들의 위치를 하나하나 기록한 별자리 지도도 있어요.

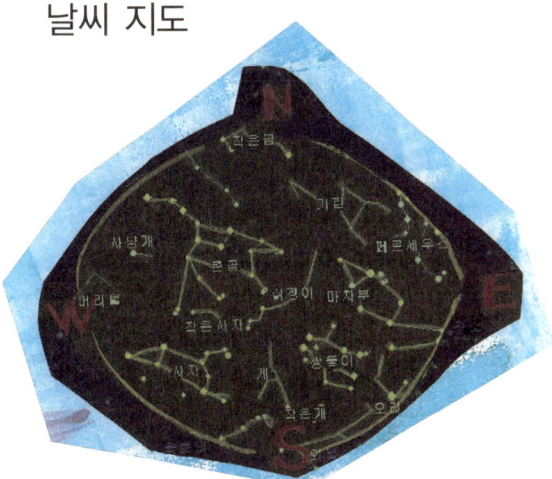

별자리 지도

핵심 포인트

지도는 쓰임에 따라 크게 땅 모양을 알려 주는 '지형도'와 특별한 주제를 다루는 '주제도'가 있어요.

2. 신기한 바늘 '나침반'

자연은 간이 나침반

나침반은 방향을 알려 주는 도구예요.
나침반이 만들어진 지는 1000년 정도 됐어요. 사실 나침반이 없던 오래전에도 우리 조상들은 방향을 귀신같이 알아냈답니다. 대부분 햇빛이 잘 드는 남쪽 방향에 위치한 옛날 초가집이 그 증거예요.

옛날 사람들은 방향을 어떻게 알아냈을까요? 해의 방향만 알아도 쉽게 짐작할 수 있어요. 해가 동쪽에서 뜨고, 서쪽으로 지는 원리만 알면 되니까요.

해가 보이지 않는 캄캄한 밤에는요? 그 땐 하늘의 별자리를 이용하면 간단해요. 늘 제자리를 지키는 북극성이 있는 쪽이 북쪽이랍니다.

해가 좋구먼~

숲에선 나무가 자란
모양으로 방향을 알 수 있어
요. 남쪽에 있는 나무는 북쪽보
다 햇빛을 더 많이 받기 때문에
더 잘 자라요.
자연을 이용하면 방향을 알기가 참 쉬워요.

핵심 포인트

나침반이 없던 옛날에는 자연의 원리를 이용해 방향을 추측했어요.

나침반 어떻게 읽을까?

계모의 꾐에 빠져 숲속에 버려지는 〈헨젤과 그레텔〉의 이야기 잘 알죠? 헨젤은 길에 빵 조각을 떨어뜨려 지나온 길에 흔적을 남기지만 새가 빵을 쪼아 먹는 바람에 그만 길을 잃고 말아요. 결국 마귀 할멈이 만든 과자 집에서 온갖 고생을 겪지요.

헨젤에게 나침반이 있었다면 사정은 달라졌을 거예요. 나침반으로 방향을 알면 숲 속에서 빠져나오는 건 시간 문제거든요.

지도가 있어도 방향을 모르면 소용없어요. 나는 남쪽을 바라보고 있으면서 지도는 다른 쪽으로 두고 읽으면 엉뚱한 방향으로 가게 돼요.

지도에는 방향을 가리키는 '방위'가 있어요. 지도의 위쪽은 보통 북쪽을 가리켜요. 나침반을 이용해 지금 서 있는 위치에서 내가 가고자 하는 방향과 지도에 나와 있는 방향을 서로 맞춰서 방향을 알 수 있어요.

3. 왜 지도를 암호처럼 그릴까?

지도 기호는 사람들이 정한 약속

지도는 꼬불꼬불한 선과 복잡한 기호들로 이뤄졌어요. 마치 암호처럼요. 운 좋게 보물 지도를 손에 넣어도 기호들을 모르면 보물을 찾을 수 없는 일이 벌어질 거예요.
지도는 누구나 이용할 수 있게 보기 편해야 하고 되도록 많은 정보를 담아야 해요. 동물원을 예로 들어볼까요? 원숭이와 하이에나 등 각종 동물이 사는 동물원을 구석구석 다 그리자면 시간이 오래 걸리겠죠.

아이구~ 배 아파!

그 뿐인가요. 동물원 말고도 그 주변의 산, 건너편에 있는 학교까지 빠짐없이 그려야 하니 종이가 어마어마하게 커야겠죠. 이와 반대로 원숭이 얼굴만 대충 그려 놓으면 아무도 동물원이라는 걸 눈치채지 못할 거고요. 그래서 자주 이용하는 시설이나 건물들을 기호로 정했답니다. 시설이나 건물의 특징을 잡아서 아주 단순하게 그린 거죠. 그림만 보고도 무엇을 하는 곳인지 알 수 있도록요.

기호를 모르면 불편한 점이 한두 가지가 아니에요. 갑자기 배가 아파 오는데 지도에 나온 병원 기호를 모르면 큰일이에요. 특히 중요한 관공서나 시설은 모두 기호로 표시되어 있기 때문에 지도 기호를 잘 알아야 한답니다.

지도 기호는 땅 위에 있는 여러 가지 것들의 특징을 잡아 단순하게 표현한 거예요.

알쏭달쏭 지도 기호 읽기

'온천' 하면 가장 먼저 무엇이 떠오르나요? 김이 모락모락 나는 뜨거운 물을 상상한 어린이들이 많을 거예요. 온천의 기호도 이와 닮은꼴이에요. 뾰족한 모양을 본떠 만든 산이나 과일의 동그스름한 모양을 본뜬 과수원 기호도 금방 알아볼 수 있어요.

시청이나 소방서, 동사무소는 그 특징을 한마디로 설명하기 어려워요. 그냥 외워야 한답니다. 대개 지도 아래를 보면 그 지도에 쓰인 기호의 뜻을 설명해 두었어요.

지도를 보면 알록달록한 여러 가지 색으로 꾸며져 있어요. 여기엔 숨겨진 뜻이 있답니다. 구청, 학교와 같이 사람이 만든 건물이나 시설은 대부분 검은색이에요.

바다나 강, 호수는 그 빛깔과 닮은 파란색이에요. 호수보다 깊은 바다는 빛깔이 더 진해요. 녹색은 들판과 같은 낮은 땅에 써요.

4. 우리 땅이 할아버지 나이라고?

땅에도 나이가 있어

기차나 자동차에서 보는 바깥 풍경은 지루할 새가 없지요. 가파른 산이 이어지는가 하면 어느새 황금빛 논과 바다가 펼쳐져요.

사람이 나이를 먹으면 주름살이 하나둘 생기듯이 땅도 나이가 들면 점점 둥글둥글해지고 평평해져요. 양쪽에서 압력을 받아 솟아올라 만들어진 산은 갓 태어났을 때만해도 봉우리가 매우 높고 뾰족했어요. 하지만 오랜 세월 동안 비바람과 눈보라에 깎여서 둥글게 변하고 차츰 낮아졌지요. 산이 줄지어 선 '산맥'도 마찬가지예요. 그래서 산의 모양만으로도 대강의 나이를

핵심 포인트

옛날 원시 시대는 지금과 지형이 매우 달랐으리라는 것을 짐작할 수 있어요.

짐작할 수 있답니다. 좀 나이가 든 둥글둥글해진 산맥들은 3억~5억 살 정도 돼요.

뾰족한 젊은 산맥도 3천만 살이 훨씬 넘지요. 감히 상상하기조차 힘든 나이죠?

우리나라 유명한 산은 왜 동쪽에 몰려 있지?

우리나라 땅은 동쪽이 높고 서쪽이 낮으며 남북으로 길쭉한 모양이에요. 원시 시대만 해도 땅이 편편한 평지가 아주 많았어요.

어라, 지금은 우리나라 땅의 절반이 넘게 산이 차지하고 있는데, 옛날에는 평지가 많았다니 어찌 된 일일까요?

약 450만 년 전, 동해 근처의 평평했던 땅이 압력을 받아 서서히 높아지면서 산들이 잇따라 솟아올랐어요. 마치 형

톡톡 맞춤 지식

동고서저 지형이 미치는 영향?

우리나라는 동쪽이 높고 서쪽이 낮은 동고서저 지형이에요. 이런 동고서저 지형 때문에 봄부터 초여름에 고온건조한 높새바람이 불어서 농작물에 피해를 주어요.

제들처럼 산봉우리가 줄줄이 늘어서 산맥을 이루게 됐지요. 우리나라에 이름 난 산을 떠올려 봐요. 설악산, 오대산, 지리산 …… 모두 동쪽에 모여 있죠?
동쪽과는 반대로 서쪽엔 넓고 평평한 땅, 즉 평야가 많답니다. 평야는 주로 강을 끼고 있는데 강 아래쪽 평야는 농사짓기 좋아요.

5. 일 년 내내 추운 나라가 있다고?

사계절이 뚜렷한 우리나라

우리나라는 계절마다 뚜렷한 사계절이 있어요. 봄, 여름, 가을, 겨울이지요.

봄은 따뜻하고 포근해요. 겨우내 얼었던 땅이 풀리면서 새 싹이 돋아나고 꽃이 피지요. 날씨가 풀렸다가 갑자기 추워지는 꽃샘추위도 찾아와요.

따뜻하고 포근한 봄

여름은 무덥고 습해요. 하늘에 구멍이 난 듯 여러 날 계속해서 비가 내려요. 장마 기간이에요.

밤이 되어도 기온이 25도를 넘는 무더위에 잠을 설치기도 해요. 사람들은 더위를 피해 바다로 물놀이를 가요. 이때

무더운 여름

는 태풍으로 집이 무너지거나 홍수가 나서 마을이 물에 잠겼다는 뉴스도 자주 나와요.

가을은 날씨가 선선해요. 무럭무럭 잘 익은 벼와 과일을 거둬들이지요. 산의 나무들은 겨울을 대비해 울긋불긋한 색으로 옷을 갈아입어요. 단풍이에요.

선선한 가을

겨울은 춥고 건조해요. 시베리아 지역에서 매섭고 차가운 바람이 불어오기 때문이에요. 먹을 것이 부족한 동물들은 겨울잠에 들지요. 강원도 산간 지역엔 눈이 사람 키만큼 쌓이기도 해요.

춥고 건조한 겨울

핵심 포인트

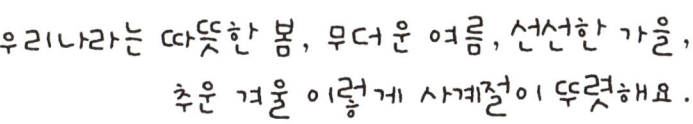

우리나라는 따뜻한 봄, 무더운 여름, 선선한 가을, 추운 겨울 이렇게 사계절이 뚜렷해요.

아프리카에선 크리스마스가 한여름이야

우리나라는 사계절이 뚜렷하지만 그렇지 않은 나라도 많아요. 일 년 내내 여름인 곳도 있고, 일 년 내내 겨울인 곳도 있어요.

휴양지로 유명한 태국과 괌, 필리핀은 일 년 내내 여름 날씨랍니다. 나무가 우거진 브라질의 밀림 지역, 야생 동물들의 천국인 아프리카도 늘 25도가 넘는 한여름이지요. 우리에게는 한겨울의 크리스마스가 익숙하지만 브라질에서는 반바지에 수상스키를 타는 산타 할아버지가 더 자연스러워 보일 듯해요.

이와 반대로 북극과 남극은 일 년 내내 겨울이에요. 잠깐 여름이 찾아오지만 그래봤자 기온이 10도밖에 안돼요. 북극에서 살아가는 에스키모 인들은 예전에 이글루에서 살았어요. 이글루는 얼음을 벽돌처럼 다듬어서 둥그렇게 쌓아 만든 얼음집이에요. 사냥을 하며 자주 이동해야 하는 이들에겐 언제든 뚝딱 지을 수 있는 이글루는 편리한 이동 주택이었지요.
자연에 적응하며 살아가는 사람들의 생활 모습, 놀랍지 않나요?

핵심 포인트

우리나라와 달리 태국, 괌, 브라질의 밀림, 아프리카는 일 년 내내 여름이 계속되고, 남극과 북극은 일 년 내내 겨울이 계속돼요.

6. 도시엔 왜 사람들이 바글바글해?
도시는 어떻게 발달했을까?

엄마와 아빠의 고향은 어디인가요? 현재 살고 있는 곳에서 태어나고 자란 경우는 드물 거예요. 충청도나 전라도, 경상도 등 지방에서 서울로 올라온 경우가 많죠.

사람들이 많이 모여 사는 곳이 도시예요. 인구가 5만 명이 넘으면 보통 도시라고 불러요. 서울을 포함한 부산과 경기도, 대구, 광주, 울산 모두 도시예요.

우리나라는 예부터 도시가 발달했어요. 한때 고구려의 땅이었지만 지금은 중국에 속한 국내성과 평양, 백제의 공주, 부여, 신라의 경주가 대표적인 도시였지요.

주로 농사를 짓고 살던 옛날에는 큰 강을 중심으로 도시가 생겨났어요. 당시 중요한 교통수단이던 뱃길이 가깝고 물이 풍부해 농사를 짓기가 쉬웠거든요. 조선을 세운 이성계 왕이 지금의 서울인 한양에 수도를 정한 것도 이런 이유 때문이에요.

조선 시대에 이르러서는 수도인 한양과 지방 행정 지역을 중심으로 도시가 생겨났어요. 강원도, 충청도, 전라도, 경상도와 같은 오늘날의 '도 이름'도 옛날의 중심 도시에서 따다 붙인 이름이에요.
오늘날에는 교통이 편리한 지역을 중심으로 도시가 발달했어요. 그중에서도 서울과 경기도에 우리나라 인구의 절반이 넘게 살고 있을 정도로 사람들이 바글바글해요.

큰 강을 중심으로 발달한 옛날 도시

VS

편리한 교통을 중심으로 발달한 오늘날의 도시

도시 생활의 좋은 점과 문제점

왜 사람들은 북적북적한 도시에서 살까요?
한적한 시골을 두고 말이에요.
도시에는 여러 가지 편리한 점이 많아요.
음식점, 학교, 병원, 슈퍼마켓 등 도시에는 사람들이 살아가는 데 필요한 여러 공공 기관과 편의 시설이 많아요. 그래서 다양한 직업이 생겨서 일자리를 구하기도 쉬워요.
교통이 편리한 점도 도시의 큰 매력이에요. 지하철이나 버

스를 이용하면 친구와의 약속 장소에 늦지 않게 갈 수 있어요. 주말이면 부모님을 졸라 놀이 공원도 가고, 백화점에서 쇼핑도 하고요.

그러나 도시에 사는 게 꼭 좋은 것만은 아니에요. 여러 사람이 함께 살다 보니 여러 문제가 생겼어요. 가장 대표적인 문제가 교통 문제예요. 차가 너무 많아져서 골목길이나 도로가 주차장처럼 변했어요. 차가 내뿜는 매연 탓에 공기도 더러워졌지요. 사람들이 쓰레기를 함부로 버리고, 살 집이 부족해진 것도 도시의 심각한 문제랍니다.

알뜰살뜰 경제

7. 없는 것 없이 다 팔아요, 시장!

시장은 어떻게 생겨났지?

"자, 싸요 싸!"
늘 활기차고 시끌벅적한 시장에선 온갖 물건을 사고팔아요. 저녁 반찬거리도 팔고 생활에 필요한 옷과 학용품도 팔아요. 만약 시장이 없다면 우리는 물건을 일일이 만들어 써야 했을 거예요. 내일 입을 체육복을 손수 만든다고 생각해 보세요. 시간도 오래 걸리고 체육복에 쓸 천도 직접 구해야 하니 번거로운 일이 한두 가지가 아니에요.

시장이 없다면 바닷가에 사는 사람은 산에서 나는 나물을 쉽게 구하지 못할 거예요. 반대로 산에 사는 사람은 바다에서 잡은 물고기를 먹을 수 없겠죠. 시장은 이렇게 멀리 떨어져 있는 사람들이 각자 필요한 물건을 손쉽게 얻기 위해 만들어졌어요.

아주 옛날엔 필요한 물건끼리 서로 맞바꾸었어요. 감자는 식구들이 먹고 남을 만큼 있는데 옷감이 부족하면 옷감이 남는 집과 감자를 바꾸었죠.

이렇게 사람들은 언제부턴가 날짜를 정해 그날이 되면 한자리에 모여 물건을 맞바꾸기도 했어요. 약속한 시간이 되면 너도나도 물건을 들고 와 필요한 것끼리 서로 바꿨죠. 이렇게 해서 시장이 처음 생겨났어요.

백화점도 시장이야?

백화점, 정선 5일장, 남대문 시장, 슈퍼마켓, 할인 마트, 홈쇼핑의 공통점은 무엇일까요? 이것들은 성격은 조금씩 다르지만 모두 시장이랍니다.

백화점을 글자대로 풀이하면 백 가지 물건을 파는 상점이에요. 그만큼 수많은 종류의 물건을 판다는 뜻이죠. 백화점이나 할인 마트와 같은 현대 시장에서는 한군데에서 여러 종류의 물건을 한꺼번에 살 수 있어서 편리해요.

바깥에 나가지 않고서도 물건을 살 수 있는 시장도 있어요. 텔레비전 홈쇼핑에서는 마음에 드는 상품이 나오면 전화로 주문만 하면 돼요.

인터넷의 물건을 파는 사이트에 들어가서 필요한 물건을 찾아 클릭만 하면 며칠 뒤 물건을 받을 수 있답니다. 컴퓨터와 과학 기술이 발달함에 따라 시장의 모습도 점점 바뀌고 있어요.

핵심 포인트

백화점, 정선 5일장, 남대문 시장, 슈퍼마켓, 할인 마트, 홈쇼핑 등 성격은 조금씩 다르지만 모두 시장이랍니다.

즐거운 쇼핑

8. 왜 옛날 돈엔 구멍을 뚫었을까?

조개껍데기도 돈이야

처음 시장이 생긴 때로 돌아가 볼까요? 사람도 많지 않고 물건도 얼마 없던 시절에는 물건을 바꾸기가 쉬웠어요. 하지만 사람들이 모여들어 시장도 덩달아 복잡해지면서 점점 쌀을 팔아 옷감을 사고 싶은데 그 조건에 맞는 사람을 찾기가 어려워졌어요.

사람들끼리 다투는 일도 잦아졌어요. 쌀 한 가마니를 옷감 열 필과 바꾼 개똥이네와 달리 쌀 한 가마니를 겨우 옷감 다섯 필과 바꾼 만수네처럼 손해를 입은 사람이 늘어났죠. 그래서 조개껍데기나 쌀, 소금으로 물건 값을 정했어요.

톡톡 맞춤 지식

우리나라의 가장 오래된 화폐는 언제 만들어진 것일까?

우리나라 최초의 화폐는 고려 때 철로 만든 건원중보예요. 건원중보는 지금의 50원, 100원짜리 동전과 달리 가운데에 구멍이 나 있어서 사람들이 구멍 안에 줄을 넣어서 꾸러미로 들고 다닐 수 있게 만들었어요.

저런, 이 사람 저 사람 손을 거치면서 조개껍데기는 깨지고, 쌀은 썩고 마네요.

궁리 끝에 사람들은 오래 두어도 잘 변하지 않는 쇠, 구리와 같은 금속을 녹여 돈을 만들었어요. 비싼 물건을 사려면 동전을 꾸러미로 만들어 무겁게 들고 다녀야 했기 때문에 나중에는 종이로 만든 돈을 사용하게 됐답니다.

가짜 지폐를 찾아라!

지폐는 사실 종이로 만든 것이 아니에요. 옷감을 짜는 데 쓰이는 솜(면)으로 만들었죠. 솜으로 종이를 만들면 종이에 비해 잘 찢어지지 않고 인쇄도 잘 되기 때문이에요.
요즘에는 복사 기술이 발달해서 가짜 돈을 만들어 사람들을 감쪽같이 속이는 일이 많아졌어요. 이를 방지하기 위해 지폐에 특수한 장치를 넣었답니다. 돈의 비밀을 알면 진짜 돈과 가짜 돈을 구별하기가 쉬워요.

톡톡 맞춤 지식

사람들은 왜 '돈(money)'이라고 부를까?

돈은 영어로 '머니(money)'인데 로마 신화에 나오는 '모네타(moneta)'라는 여신의 이름에서 따왔대요. 옛날 로마인들이 모네타 여신의 신전에서 돈을 만들었는데, 모네타라는 말이 변해 머니가 된 거랍니다.

지폐에 있는 특수한 장치

지폐를 위아래로 움직이면 무늬가 옆으로 움직여요.

신사임당 그림과 숫자, 글자를 만지면 겉이 오돌토돌해요.

지폐를 비스듬히 기울이면 숫자 '5'가 보여요.

보는 방향에 따라 그림이 달라져요.

불빛에 비추면 신사임당 얼굴이 나타나요.

오른쪽으로 갈수록 숫자와 기호의 크기가 점점 커져요.

9. 쓰고 만드는 '소비'와 '생산'

많이 소비할수록 경제에 도움이 된다고?

우리가 살아가기 위해서는 여러 가지 것들이 필요해요. 쌀, 과일, 생선과 같은 음식이 필요하고, 옷과 신발도 필요하죠. 또 추위나 더위를 막아 주고 편안하게 생활할 수 있는 집도 있어야 해요.

이렇게 생활에 필요한 여러 가지를 사용하는 것이 '소비'예요. 물건을 사는 것도, 전기를 쓰는 것도 모두 소비지요. 연필을 많이 쓰면 문구점에선 연필을 더 팔게 되죠. 연필 회사는 연필을 팔아 번 돈으로 더 많은 물건을 만들어요. 새 기계를 들여오고, 일할 사람도 더 뽑아요. 결국 더 많은 사람들이 일자리를 얻게 되고 자연스럽게 가정의 소득도 늘어나게 되요.

단, 소비는 사치나 낭비하고는 달라요. 함부로 물건을 사재기하는 것이 아니라 자기에게 필요한 것을 사는 것이 소비라는 것을 명심해요.

생활에 필요한 여러 가지 것들을 사용하는 것을 소비라고 해요. 소비는 나라 경제의 발전을 위해 꼭 필요하지요.

빅뱅의 노래도 생산이라고?

영화 〈초콜릿 공장의 비밀〉을 보면 아주 큰 공장 안에서 수십 가지의 다양한 초콜릿을 만들지요. 맛이 다른 초콜릿을 만드는 기계들이 있고, 여러 사람들이 분주하게 맡은 일을 해요. 어떤 맛의 초콜릿을 좋아할까 연구를 하는 사람들도 있어요. 초콜릿을 더 많이 팔기 위해서예요. 많이 팔수록 돈을 많이 벌 수 있으니까요.

이와 같이 생활에 필요한 것을 만드는 일이 생산이에요. 컴퓨터나 초콜릿을 만드는 것, 쌀과 같이 자연에서 얻는 것 모두 생산이랍니다.

특별히 컴퓨터나 초콜릿과 같은 물건을 '재화'라고 불러

핵심 포인트

생활에 필요한 것을 만드는 일을 생산이라고 해요. 물건을 만드는 재화나 눈에 보이지 않는 서비스 모두 생산의 일종이에요.

요. 값어치가 있는 물건이란 뜻이죠. 세상에는 눈에 보이는 재화만 있는 건 아니에요. 배탈이 나면 병원에 가서 의사 선생님께 진찰을 받는 것, 학원에 가서 영어를 배우는 것, 심심할 때는 좋아하는 가수의 노래를 듣는 것 모두 눈에 보이지 않지만 우리에게 도움을 주는 재화에요.
이와 같이 병을 치료하고, 교육하고, 노래하는 일을 '서비스'라고 합니다. 서비스도, 재화도 모두 생산이에요.

10. 물건들의 멀고 먼 여행 '유통'

운동화는 어디에서 왔을까?

물건들은 모두 태어난 곳이 달라요. 사과와 배는 과수원이 고향이고, 컴퓨터와 책의 고향은 공장이에요. 저마다 다른 곳에서 태어난 물건들이 어떻게 우리 집까지 오게 됐을까요? 운동화를 예로 들어 생각해 봐요.

운동화가 태어난 곳은 공장이에요. 공장에서 기계를 이용해서 한꺼번에 많은 양의 운동화를 만들어요.

완성된 운동화는 예쁘게 포장을 해서 창고에 모아 둬요. 주문을 기다리는 거예요. 그러고는 트럭에 실려 전국 곳곳에 흩어져요.

백화점에도 들어가고, 동네 시장으로도 가지요. 바다 건너 외국으로 가기도 해요.

백화점이나 가게에서는 운동화를 눈에 잘 띄게 진열해요. 더 많이 팔기 위해 텔레비전에 광고를 하거나 전단지를 만들어서 신문에 끼워 넣기도 해요. 그러면 가게에 가거나 인터넷으로 마음에 드는 운동화를 사게 되는 거죠. 이와 같이 물건이 우리 집까지 오게 되는 모든 과정을 '유통'이라고 해요. 물건이 우리 집까지 오게 된 여행길이라고 할 수 있지요. 어휴, 생각만 해도 멀고 먼 여행이죠?

물건 값은 누가 정할까?

시장에서 파는 물건에는 물건 값이 정해져 있어요. 시금치 1000원, 고등어 2000원, 연필 500원 하는 식으로 말이에요. 이와 같은 값은 누가, 어떻게 정하는 것일까요?
앞서 이야기한 운동화의 여행에 정답이 있어요. 물건 값은 재료, 기술, 운반비, 광고비를 모두 계산해 값을 정합니다.
다 비슷비슷해 보이는 운동화라도 재료의 종류나 유통 과정에 따라

값이 차이가 나요.
똑같은 운동화인데도 며칠 사이에 값이 오르거나 내리기도 해요. 예를 들어 운동화는 한 켤레인데 사려는 사람이 여러 명이라면 어떻게 될까요? 가게 주인은 값을 좀 더 올려 운동화를 팔겠죠. 반대로 운동화는 아홉 켤레나 되는데 사려는 사람이 없으면 가게 주인은 값을 내려서 운동화를 사게 만들지요.

이처럼 물건을 사려는 사람이 많아지면 값이 올라가고, 물건을 사려는 사람이 적어지면 값도 내려간답니다.

핵심 포인트

물건 값은 재료, 기술, 운반비, 광고비 그리고 소비자에 따라 다르게 결정해져요.

11. 은행에선 왜 이자를 주는 걸까?

은행에선 무슨 일을 할까?

설날에 세뱃돈을 받으면 어떻게 하나요? 평소 점찍어 두었던 장난감을 사거나 군것질을 하는 어린이도 있지만, 대다수는 저금을 할 거예요. 한 번에 다 쓰기엔 액수가 크니까요. 이때 찾게 되는 곳이 은행이랍니다.

처음 은행에 가면 내 이름으로 통장을 만들어 줘요. 은행에서는 10자리가 넘는 숫자로 번호를 매겨 관리를 해요. 통장 안쪽을 보면 그 번호를 확인할 수 있어요. 저금을 하거나 돈을 찾아 쓰면 통장에 전부 기록이 돼요. 내 돈을 은행에 맡겨 두면 잃어버릴 염려도 없어요.

어린이는 아직 나이가 어려서 돈을 저금하거나 찾을 때만 은행을 이용하지만 어른들은 다양한 이유로 은행을 찾는답니다.

회사에서 물건을 만드는 데 돈이 부족하면 은행에서 돈을 빌려요. 부모님이 지방에 계신 할머니께 용돈을 보내 드릴

때도 은행을 이용하지요. 아파트 관리비나 세금과 같은 각종 공과금을 내는 곳도 은행이에요. 또 은행은 다른 나라 돈을 우리나라 돈으로 바꿔 주기도 한답니다.

직장에 다니거나 바쁜 일이 생겨 은행에 직접 가지 못할 때는 집이나 사무실에서 컴퓨터를 통해 돈을 보내요. 이를 인터넷뱅킹이라고 해요.

돼지 저금통과 은행, 무엇이 다를까?

사람들은 갖고 싶은 게임기를 산다든지, 해외여행을 떠난다든지, 또는 10년 내에 집을 장만하는 것과 같은 미래의 꿈을 이루기 위해서 저축을 해요. 질병 같은 혹시 모를 위험에 대비하기 위해서도 저축은 꼭 필요해요.

돼지 저금통이나 은행이나 돈을 저축하는 건 마찬가지인데, 사람들이 굳이 은행을 찾는 이유는 무엇일까요? 바로 이자 때문이에요.

내가 은행에 저금을 하면 은행에선 내 돈에 이자를 붙여 되돌려 줘요. 반대로 은행이 이자를 받기도 해요. 은행은 기업이나 사람들에게 돈을 빌려 주고 그 대가를 받지요. 기업에서 새 컴퓨터 기술을 개발하거나 어떤 사람이 집을 사려는 데 돈이 모자랄 때가 있잖아요. 이때 은행에서 돈을 빌려 주게 되는데, 그것이 내가 은행에 맡긴 돈이랍니다. 은행에 돈을 빌린 기업이나 사람들은 이자를 은행에 내고, 은행은 그 이자의 일부를 저축한 사람에게 나눠 주지요. 은행마다, 시기마다 이자는 조금씩 달라져요.

돼지 저금통에 저축하면 내가 모은 만큼의 돈만 얻지만, 은행에 저축하면 이자를 붙여 주니까 더 많은 돈을 모을 수 있어 유리하답니다.

핵심 포인트

은행에 저축을 하면 이자가 붙어 더 많은 돈을 모을 수 있어요.

12. 합리적인 소비 습관이란?

내게 꼭 필요한 것이 뭘까?

필요 없는 게임기를 사거나 친구가 군것질을 하는 것을 보고 충동적으로 따라 했다가 후회한 적 없나요? 계획 없이 충동적으로 물건을 사는 것은 낭비예요. 지금 당장 돈을 쓰고 싶은 마음이 들어도 잠깐 참아요.

 현명하고 합리적으로 돈을 쓰는 습관은 어릴 적부터 몸에 익혀야 돼요.

내게 필요한 것과 원하는 것을 구분하는 것이 합리적인 소비의 첫걸음이에요. 둘 다 비슷한 말처럼 들리죠? 필요한 것은 연필, 공책, 가방처럼 꼭 있어야 하는 것이에요. 원하는 것은 없어도 되지만 갖고 싶은 것이죠. 과자나 게임기, 만화책 등이 여기에 해당돼요. 필요한 것과 원하는 것을 구분하고 난 다음엔 사야 할 순서를 정하면 함부로 돈을 낭비하는 걸 막을 수 있어요.

물건을 살 때는 다음 세 가지를 꼭 생각해 보고 결정해요.

첫째, 내게 필요한 물건인가를 세 번은 생각해요. '충동적으로 사는 건 아닐까', '필요하지 않은데 친구들 따라 사려는 건 아닐까' 곱씹어 생각해요. 둘째, 사려고 하는 물건을 꼼꼼히 살펴봐요. 물건의 기능, 사용 방법, 장점과 단점들을 따져요. 물어봐도 되고 인터넷에서 그 정보를 구할 수도 있어요. 마지막으로 똑같은 물건을 더 싸게 살 수 있는 방법은 없는지를 생각해요.

합리적인 소비 습관을 기르려면 상품을 사기 전에 내게 꼭 필요한 물건인가를 꼼꼼히 생각해 본 다음 결정해요.

13. 도구로 온 세상을 주름잡다!
작고 힘이 약한 사람이 어떻게 곰을 잡지?

원시 소년 우가우가가 사냥을 떠났다가 사나운 멧돼지를 발견했어요. 평소 용맹하기로 소문난 우가우가는 멧돼지 앞에 자신 있게 나섰죠. 아뿔싸! 깜빡 잊고 망치를 집에 두고 왔네요. 겁쟁이가 된 우가우가는 한달음에 도망치고 말았답니다.

사람은 사자처럼 날카로운 이빨도 없고 날쌔게 달리지도 못해요. 바다표범처럼 헤엄을 잘 치지도 못하죠. 그뿐인가요. 개처럼 냄새를 잘 맡을 수도 없고, 곰처럼 덩치가 크거나 힘이 세지도 않아요. 만약 도구가 없었다면 사람은 나무 열매만 따 먹거나 언제 짐승의 습격을 받을지 몰라 늘 두려움에 떨며 지내야 할 거예요.

돌도끼처럼 일을 할 때 쓰는 연장을 도구라고 해요. 도구는 사람의 손과 발을 대신하기도 하지요.
사람은 두 발로 걷게 되고 두 손이 자유로워지면서 돌멩이나 나뭇가지를 도구로 사용하기 시작했답니다.
돌을 다듬어서 짐승을 사냥하고, 흙을 구워 그릇을 만들었죠. 동물의 뼈나 뿔을 뾰족하게 갈아서 물고기를 잡기도 했어요.
도구를 이용하면서 사람은 아주 큰 힘을 얻게 되었답니다.

옛날과 오늘날의 도구들

도구를 이용하면서 사람은 일손을 덜어 편리하게 생활하게 되었어요. 옛날 도구들의 불편한 점을 고쳐 쓰다 보니 도구들도 나날이 발전했죠.

도구 중에는 옛날에 이미 사라진 것도 있고, 오늘날에도 변함없이 쓰이는 도구도 있어요.

도구의 변화

횃불 → 호롱불 → 전깃불

가마솥 → 전기밥솥

부채 → 선풍기 → 에어컨

맷돌 → 믹서기

지금도 하루가 다르게 새로운 도구들이 나와요. 현재의 냉장고가 50년 뒤엔 다른 새로운 도구로 변신할 수도 있어요. 그때가 되면 우리가 쓰는 냉장고는 박물관에서나 보게 될지도 모르죠.

14. 최초의 자동차는 바퀴가 세 개였대!

소인국 사람들이 걸리버를 옮길 수 있었던 비결은?

여행을 하던 도중 걸리버가 타고 있던 배가 태풍을 만나 난파 당해요. 정신이 든 그가 도착한 곳은 소인국 릴리푸트. 소인국 사람들은 통나무로 굴림대를 만들어 덩치가 산만한 걸리버를 왕이 사는 도시까지 옮겨요. 걸리버의 모험담을 다룬 〈걸리버 여행기〉에 나오는 이야기예요.

소인국 사람들이 꽤 영리하죠? 통나무를 굴릴 줄 몰랐다면 아주 원시적인 방법으로 수 천 명의 사람들이 걸리버를 들어올릴 수 밖에 없었을 거예요.

바퀴는 역사상 가장 중요한 발명으로 꼽혀요. 약 5500년 전에 메소포타미아 지역에서 처음으로 바퀴를 사용했답니다. 통나무를 가로로 잘라 통째로 썼죠. 참 단순하죠? 이렇게 만든 바퀴는 단단하긴 했지만 너무 무거워 빨리 굴릴 수가 없었어요.

그래서 나무 가운데를 잘라 바퀴살을 만들고 테두리를 덧대 만들었어요. 오늘날의 바퀴 역시 이와 비슷해요. 타이어도 이와 같은 원리로 만들지요.

톡톡 맞춤 지식

바퀴의 과학적 원리는?

바퀴는 다른 물체의 표면에 닿아서 생기는 미끄럼마찰을 굴림마찰로 바꿔 마찰 저항을 줄여요. 바퀴를 이용하면 작은 힘으로 무거운 물체를 쉽게 옮길 수 있지요.

옛날 자가용 '가마'와 '인력거'

바퀴는 어디에 가장 많이 쓰일까요? 바로 탈것이에요. 바퀴가 달린 자동차나 비행기를 이용해 무거운 짐을 한꺼번에 나르고, 사람들은 먼 곳을 빠르게 오가게 됐죠.

옛날에는 가마도 중요한 이동 수단이었어요. 조그마한 집처럼 생긴 가마에 올라타면 하인 두 명이나 네 명이 가마를 들어 옮겼죠. 가마는 누구나 이용할 수 있는 건 아니었어요. 왕족이나 지체 높은 양반만 탈 수 있었지요.

1884년이 되어서야 일본에서 마차와 인력거가 처음으로 들어왔어요. 인력거는 오늘날의 택시라고 할 수 있어요.

가마

마차

바퀴 두 개가 달린 인력거를 인력거꾼이 끌면서 손님이 원하는 곳에 데려다 주었지요. 요금이 매우 비싸 부자들만 이용할 수 있었답니다.

인력거

자동차의 발달 과정

최초의 자동차는 바퀴가 세 개였다는 사실을 알고 있나요? 세 발 자전거처럼 말이에요! 최초의 자동차는 석탄을 때서 물을 끓일 때 나오는 증기의 힘으로 움직였어요.
이 자동차는 프랑스 기술자인 퀴뇨가 만들었어요.
퀴뇨가 만든 자동차는 약점이 여럿 있었어요. 우선 속도가 매우 느렸어요. 시속 4킬로미터로 움직였으니, 사람이 걷는 것과 다를 바 없었죠. 브레이크도 없어서 언덕을 내려올 땐 벽이나 건물을 들이받아야 멈췄답니다. 자동차의 발명과 동시에 최초의 교통사고도 일어난 셈이에요. 그뿐인가요. 증기를 내기 위해 15분마다 물을 넣어

페이턴, 1909년

러너아웃, 1911년

줘야 했으니 이만저만 불편한 게 아니었답니다.

가솔린으로 움직이는 바퀴 네 개가 달린 자동차가 나온 건 그로부터 100여 년이 지난 뒤에요. 그 후 미국의 자동차 왕이라 불리는 헨리 포드가 공장에서 한꺼번에 수십 대의 자동차를 생산하면서 많은 사람들이 이용하게 됐죠.

닥터 스쿠페, 1916년

투러, 1927년

미래엔 어떤 자동차가 나올까요? 전기로 움직이는 자동차나 하늘을 나는 자동차, 쓰레기를 연료로 하는 친환경 자동차도 이제 먼 미래의 일이 아닌 것 같죠?

핵심 포인트

최초의 자동차는 퀴뇨가 만든 바퀴가 세 개 달린 자동차예요. 이후 헨리 포드가 공장을 만들어 많은 사람들이 자동차를 이용하게 되었어요.

15. 소식을 전하는 '봉수'와 '파발'

연기와 불을 피워라 - '봉수'

전화나 인터넷이 없던 시절, 전쟁과 같은 위급한 소식을 어떻게 왕에게 전했을까요?
바로 봉수예요. 봉수란 낮에는 산꼭대기에 연기를 피우고 밤에는 횃불을 밝혀 소식을 전하는 제도지요.
산이 많은 우리나라에 봉수는 더 없이 좋은 방법이었어요. 적이 나타나면 산봉우리에 연기나 횃불을 피우고, 이를 발견한 이웃 산에서 봉화를 피워 올렸어요.
연기나 횃불의 수가 많을수록 아주 위급하다는 뜻이에요. 예를 들어 전쟁이 나면 연기나 횃불을 다섯 개 피웠고, 적이

우리 배를 공격하면 네 개를, 우리나라 가까이에 적이 나타나면 두 개를 올렸어요. 연기나 횃불이 하나 오르면 아무 일 없이 평화롭다는 뜻이에요.
날씨가 맑은 날엔 봉수가 제격이었지만 흐린 날에는 도움이 되지 않았어요. 잘 보이지 않을 뿐더러 비라도 내리면 봉화를 피우기조차 힘들었으니까요.

말을 달려라 – '파발'

TV에 나오는 사극을 보면 병졸이 숨 가쁘게 말을 달려 왕에게 문서를 전하는 장면이 자주 나와요.
이와 같이 말을 타거나 걸어서 소식을 전하는 제도가 파발이에요. 병졸과 같이 소식을 전하는 우체부를 파발꾼이라고 불렀어요.
파발이 생기면서 중요한 지역마다 '참'을 설치했어요. 오늘날의 여관처럼 파발꾼이 쉬고 잠을 잘 수 있는 곳이에

톡톡 맞춤 지식

마패엔 왜 말을 그렸을까?

말은 나라의 중요한 재산이라 함부로 이용할 수 없었어요. 마패를 가진 사람만이 말을 빌릴 수 있었지요. 마패마다 말의 개수가 다르게 그려져 있어요. 적게는 한 마리, 많게는 열 마리가 새겨져 있는데, 새겨진 수만큼 말을 빌릴 수 있었답니다.

요. 누구나 그 신호를 알아챌 수 있는 봉수와 달리 파발은 문서로 되어 있어서 비밀리에 안전하게 왕에게 용건을 전할 수 있었답니다.

당시의 참을 중심으로 자연스럽게 마을이 생겼어요. 200년이 지난 오늘날에도 아직 파발의 흔적이 남아 있답니다. 정말이에요! 그중 하나가 서울시 은평구에 있는 구파발이에요. 조선 시대의 파발 자리였지요.

16. 살아 숨 쉬는 그릇, 옹기

옹기가 숨을 쉰다고?

먹을거리가 풍요롭지 못하던 시절, 선조들이 가장 소중하게 여겼던 것은 장독대였답니다. 햇빛이 잘 드는 장독에 크고 작은 옹기들을 가지런히 늘어놓았어요. 볕 좋은 날이면 옹기 뚜껑을 열어 햇볕을 쬐어 주고, 늘 윤이 나게 닦았답니다. 옹기는 음식 보물 창고였거든요. 고추장과 된장, 장아찌, 김치 등 겨우내 먹을 밑반찬들이 가득했죠.

옹기는 흙을 빚어 불에 구워 만든 그릇이에요. 흙 속에는 아주 작은 모래 알갱이가 섞여 있어서 불에 구우면 눈에 보이지 않는 아주 작은 구멍이 생긴답니다. 이 구멍으로 공기가 들락날락해요. 마치 살아 숨 쉬듯이 말이에요.

옹기 안이 눅눅하면 숨을 내쉬어 물기를 밖으로 빼내고, 안이 건조하다 싶으면 숨을 들이마셔 습기를 빨아들여요. 옹기에 음식을 보관하면 나쁜 물질은 밖으로 내보내 음식이 잘 썩지 않고, 쌀이나 보리를 담아 두면 해가 지나도 먹을 수 있을 정도랍니다.

갓 담근 김치를 옹기에 담아 두면 공기가 들락날락하면서 맛깔스럽게 익어요. 우리 눈에는 보이지 않지만 몸에 좋은 곰팡이를 만들어 발효시키기 때문이에요. 된장, 고추장, 김치, 막걸리, 젓갈과 같은 발효 식품은 옹기에 담가야 한층 맛이 좋아져요.

핵심 포인트
옹기는 아주 작은 숨구멍이 있어서 공기가 들락날락하며 음식을 썩지 않게 하고, 자연적인 발효가 되는 과학적인 옛날 도구예요.

옹기는 왜 허리가 볼록하지?

옹기는 어떤 방법으로 만들까요?

우선 재료가 되는 찰흙을 돌림판인 물레에 놓고 밑 부분을 만든 다음 가래떡 모양으로 둥글게 말아 살살 위로 쌓아요. 그리고 옹기의 입을 만들고, 겉과 속을 손으로 꾹꾹 눌러 반듯하게 펴요. 그런 다음 그릇을 그늘에 말리지요. 웬만큼 마르면 그릇에 잿물을 입히고 다시 한번 햇볕에 말려요. 잿물을 입히는 이유는 흙에 남아 있는 나쁜 물질을 없애 주고, 음식이 썩지 않게 해 주는 천연 방부제 역할을 하기 때문이에요. 이렇게 말린 그릇을 가마에 넣고 뜨거운 온도에 구우면 옹기가 완성돼요.

핵심 포인트

〈옹기 만드는 방법〉

찰흙을 말아 밑에서부터 위로 쌓는다 ➡ 겉과 속을 매끈하게 다듬는다 ➡ 그늘에 말린다 ➡ 겉에 잿물을 입히고 다시 햇볕에 말린다 ➡ 가마에 구우면 완성!

지역마다 좀 차이가 있지만, 옹기는 위아래가 좁고 가운데가 볼록해요. 배불뚝이 모양으로 만들어야 가마에서 구울 때 모양이 쉽게 변하지 않는답니다. 또한 장독대에 늘어놓았을 때 옹기끼리 들러붙지 않아 바람이 잘 통하고, 햇볕을 고르게 받아 음식물이 쉽게 상하지 않아요.

옹기는 선조들의 멋과 지혜가 깃든 훌륭한 우리 문화예요.

17. 나쁜 일을 쫓아내는 '탈춤'

왜 탈을 써?

아이쿠, 배가 살살 아파요. '배탈'이 났나 봐요. 탈이 났다는 건 뭔가 잘못됐다는 뜻이에요. 탈춤의 '탈'은 바로 이 말에서 비롯됐답니다. 탈을 쓰고서 신나게 춤을 추고 노래를 부르는 탈춤이 본래 안 좋은 말이라니 앞뒤가 맞지 않는 듯하죠?

가뭄이나 질병과 같은 나쁜 일을 쫓기 위해 얼굴에 탈을 쓰고 춤을 추는 데서 탈춤이 시작됐어요. 악귀나 가뭄이 탈을 보고 무서워서 도망가도록 말이에요. 처음엔 일부러 탈의 얼굴도 무섭게 그렸답니다. 그러다 시간이 지나면서 점차 우스꽝스러운 얼굴로 변했지요.

탈춤은 서민들의 놀이이자 축제였어요. 장날이면 신명 나게 벌어지는 탈춤을 어디서나 볼 수 있었죠.

빈터만 있으면 어디서든 공연할 수 있으니 근사한 무대도 필요 없었어요. 게다가 힘없는 백성을 괴롭히고 거드름만 피우는 양반들을 비꼬는 내용이 많아 서민들의 속을 후련하게 만들었답니다. 당연히 서민들의 사랑을 듬뿍 받았지요.

핵심 포인트

탈춤은 나쁜 일을 쫓기 위해 얼굴에 탈을 쓰고 신나게 춤을 추고 노래하는 서민들의 놀이예요.

잘난 체하는 양반을 슬쩍 비꼬아 볼까?

말뚝이 : 자, 양반 나가요, 양반! 양반이라고 다 양반이 아니오. 개잘량의 '양'자에 개다리소반의 '반'자를 쓰는 양반이오.
양반들 : (화를 내며) 뭐, 뭐라고?
말뚝이 : (넉살 좋게) 아, 이 생원네 삼 형제 분이 나오신다 했소.
양반들 : (어깨를 으쓱하며) 어흠, 이 생원이라네.

말뚝이가 개에 빗대 비꼰 줄도 모르고 양반들이 속네요. 위의 장면은 황해도 봉산탈춤의 한 대목이랍니다. 봉산은 황해도에 있는 지방이에요. 거무튀튀한 얼굴빛의 하인 말뚝이가 겉으로는 양반 말을 잘 따르는 체 하면서 양반을 놀리고 골려 먹지요.
함경남도 북청에서는 북청 사자놀음이 유명해요. 해마다 정월이 되면 사자탈을 쓰고 덩실덩실 춤을 추며 나쁜 귀신을 쫓았어요.

경상북도 안동에서는 하회탈로 유명하죠. 정월 초에 마을을 지키는 서낭신에게 제사를 올리는 데서 유래했어요. 하회탈은 특이하게 나무로 탈을 만들었답니다.

탈춤 중에서도 황해도의 봉산탈춤, 함경남도의 북청 사자놀음, 경상북도 안동의 하회탈춤이 유명해요.

〈황해도 봉산탈〉

〈안동 하회탈〉

18. 큰 명절 '설'과 '정월 대보름'

왜 새해가 되면 설빔을 입지?

큰 명절인 설과 추석은 우리의 세시 풍속이에요. 세시 풍속이란 절기나 계절에 따라 예부터 내려오는 생활 습관을 특별하게 기념한 날이에요.

1월에는 보름 간격으로 설과 정월 대보름을 치른답니다.

우리가 잘 알고 있는 음력 1월 1일이 설이에요. 음력은 달을 기준으로 만든 날짜예요. 설이 되면 아이들과 어른들은 설빔을 곱게 차려 입고 조상님께 차례를 지내요. 차례가 끝나면 떡국을 먹고 어른들께 세배를 드리지요. 오랜만에 만난 친척들이 모여 윷놀이도 하고, 복조리를 사서 집 안에 매달아 두기도 해요.

새해에 설빔을 입고 떡국을 먹는 풍습에는 새해엔 좋은 일만 일어나길 바라는 마음이 담겨 있답니다.

설에 세뱃돈을 받는 풍습은 우리나라와 중국, 일본에만 있어요. 우리나라에선 그냥 돈만 주지만 중국에선 붉은색 봉투에 넣어 준답니다. 붉은색이 복과 행운을 가져다준다고 믿기 때문이에요. 우리나라에서 세뱃돈을 주는 것도 중국에서 건너왔다고 해요.

핵심 포인트

우리나라의 큰 명절인 설에는 설빔을 입고 세배를 하며 새해를 맞이해요.

새해 복 많이 받으세요

왜 정월 대보름엔 호두를 깨물지?

정월 대보름은 음력 1월 15일이에요. 이 날이 무슨 날인지 잘 몰라도 부모님이 부럼이라며 땅콩과 밤, 호두를 깨물어 먹으라고 주시던 기억이 있을 거예요.

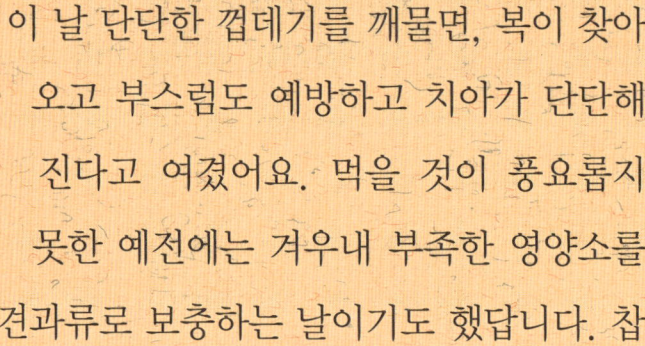

이 날 단단한 껍데기를 깨물면, 복이 찾아오고 부스럼도 예방하고 치아가 단단해진다고 여겼어요. 먹을 것이 풍요롭지 못한 예전에는 겨우내 부족한 영양소를 견과류로 보충하는 날이기도 했답니다. 찹쌀, 기장, 찰수수, 검정콩, 붉은 팥을 넣은 오곡밥도 먹고 어른들은 귀가 밝아진다며 귀밝이술도 마셔요.

정월 대보름엔 동네 사람들이 한데 모여 너도나도 종이 연을 만들어 하늘에 띄웠어요. 연줄을 모두 풀거나 끊으면 액땜이 된다고 여겼지요. 해가 뜨기 전에 다른 사람 이름을 불러 대답을 하면 "내 더위 사가라." 하며 더위도 팔았

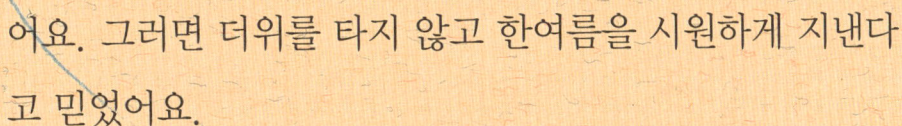

어요. 그러면 더위를 타지 않고 한여름을 시원하게 지낸다고 믿었어요.

아이들은 밤이 되면 논밭에 모여 쥐불놀이를 했어요. 깡통 속에 소나무를 넣거나 쑥방망이에 불을 붙여 태웠어요. 유일하게 어른들에게 불장난을 허락받은 날이에요. 단순한 놀 거리만은 아니에요. 나쁜 벌레나 병균들을 태워서 한 해 농사를 준비하는 의식이기도 했거든요.

19. 공공 기관이 뭐야?

경찰서나 우체국은 국민을 위한 기관이야

일주일 동안 거리에 버려진 쓰레기를 치우지 않고 놔둔다면 어떻게 될까요? 하루만 지나도 쓰레기가 쌓여 거리가 온통 지저분해지고 악취가 코를 찌를 거예요.

거리 청소, 불 끄기, 도둑 잡기와 같이 국민이 좀 더 편리하고 안전하게 생활할 수 있도록 나라에서 만든 기관이 공공 기관이에요. 혼자서는 해결하기 어려운 일을 처리하는 해결사죠.

공공이란 사회의 여러 사람과 두루 관계가 있다는 뜻이에요. 환경미화원 아저씨처럼 공공 기관에서 일을 하는 사람을 공무원이라고 한답니다.

공공 기관은 대개 지하철역이나 버스 정류장과 가까워 교통이 편리한 고장의 중심지에 모여 있어요.

많은 사람이 쉽고 편리하게 이용할 수 있도록 하기 위해서예요. 생각해 보면 알게 모르게 우리는 공공 기관의 도움을 받고 살고 있답니다.

톡톡 맞춤 지식

조선 시대에도 공공 기관이 있었을까?

포도청에서는 도둑을 잡고 백성들이 안전하게 생활할 수 있도록 지켜 줬어요. 임금이 사는 궁궐이나 백성의 집에 불이 나면 달려와 불을 끄는 금화도감도 있었어요. 병을 치료하는 혜민서도 있고요. 각각 오늘날의 경찰서, 소방서, 보건소라고 할 수 있겠네요.

탐험! 우리 고장의 공공 기관

소방서나 경찰서와 같이 공공 기관은 우리 주변에 있어요. 공공 기관에선 우리가 알고 있는 것보다 훨씬 더 다양한 일을 한답니다.

친구들이 아는 것처럼 소방서는 불을 끄고 화재를 예방하는 곳이에요. 하지만 이런 일만 하는 건 아니에요. 교통사고가 나서 사람이 크게 다치면 응급 처치를 하고 병원으로 옮겨 주기도 해요. 홍수가 나서 사람들이 물에 빠지면 구해 주기도 하지요. 또 부모님이 안 계신 사이에 몹시 아프거나 사고가 나면 도움을 받기도 하지요.

경찰서는 주민들의 생명과 재산을 보호해 주는 기관이에요. 동네 곳곳을

돌아다니며 도둑이 들지 않았는지 감시해 주지요. 길을 잃은 아이나 노인에게 집도 찾아 주고 도로가 막혔을 땐 교통 정리도 하지요.

우체국에서는 편지나 소포와 같은 우편물을 배달해요. 편지 봉투나 우표도 팔아요. 각 고장의 특산물을 사고 싶으면 우체국을 통해 살 수도 있어요.

신종 플루와 같은 전염병이 생기면 예방 접종을 하는 보건소, 책을 빌려주는 도서관, 세금을 거두는 세무서, 노인을 돌보는 양로원, 학교를 짓거나 고치는 교육청, 그림과 유물을 전시한 미술관, 박물관도 모두 공공 기관이랍니다.

핵심 포인트

소방서, 경찰서, 우체국, 보건소, 도서관 등은 주민의 편리한 생활을 돕는 공공 기관이에요.

20. 왜 어린이들에겐 선거권이 없지?

누구를 찍지?

셋이 모이면 어떤 일을 결정하기가 쉬워요. 백 명이 모이면요? 오천 명이 모이면요? 국민의 수가 많아질수록 의견을 모으기가 힘들고 시간이 걸리죠. 나랏일도 복잡하고요. 그래서 대부분의 국가에서는 국가나 지역의 대표를 뽑아 나랏일을 맡겨요.

나라나 지역의 대표를 뽑는 것이 선거예요. 선거를 하기 전에 사람들은 후보자들이 어떤 일을 하겠다는 약속인 공약을 귀담아 듣는답니다. 그런 후 대통령과 국회의원처럼 나라의 중요한 일을 맡길 사람을 직접 뽑지요.

선거일은 임시 휴일로 정해요. 되도록 많은 사람들이 참여할 수 있도록요. 이렇게 해서 가장 많은 표를 얻어 당선이 된 사람은 정해진 기간 동안 나라 살림을 하게 된답니다.

선거권이 없는 어린이들에게 선거는 아주 먼 미래의 일 같지만, 사실 선거는 나와 동떨어진 이야기가 아니에요. 학년이 올라가면 우리 반을 대표할 반장이나 회장을 뽑는 것도 하나의 선거예요.

핵심 포인트

대통령이나 국회의원과 같이 나랏일을 대신할 중요한 사람을 뽑을 때 선거를 해요.

어린이는 왜 선거권이 없지?

우리나라에서는 만 19세가 되면 누구나 선거에 참여할 수 있게 법으로 정해져 있답니다. 몇 년 전만 해도 만 20세로 제한했었죠. 어린이도 세상을 볼 수 있는 눈이 있는데 왜 선거권이 없을까요?

어린이나 청소년들은 아직 사회 경험이 부족해요. 권리에 따른 책임을 지기엔 아직 어리지요. 이제 막 가치관이 자라는 시기이므로 더 많이 공부하고 경험해야 한다고 생각하기 때문이에요.

나라마다 선거할 수 있는 나이는 조금씩 달라요. 이란은 만 15세가 되면 투표를 할 수 있답니다. 브라질이나 쿠바에선 만 16세가 되어야 비로소 선거권이 주어져요. 북한과 인도네시아는

핵심 포인트

우리나라에선 만 19세가 되어야 선거에 참여할 수 있으며, 나라마다 선거 연령이 조금씩 달라요.

만 17세, 일본과 튀니지는 만 20세로 정해 놓고 있어요. 미국을 포함한 대부분의 유럽과 중국에서는 만 18세로 선거 나이를 제한하고 있어요.

21. 나라 최고의 우두머리 대통령

누가 대통령이 될까?

어릴 적에는 누구나 한번쯤 대통령이 되는 꿈을 꿔봤을 거예요.

대통령은 국민이 뽑은 나라의 대표예요. 나라마다 조금씩 다르지만 우리나라에선 대통령이 되면 5년 동안 일하게 되고, 한 번 대통령이 되면 다시 대통령 후보로 나설 수 없어요. 우리나라에서 5년 넘게 살았고, 40세가 넘으면 누구나 대통령 후보가 될 수 있지요.

대통령이 되려면 우선 정당의 추천이 필요해요. 민주당과 같이 정치적으로 같은 뜻을 가진 사람들이 만든 단체가 정당이에요. 정당이 없어도 2500명의 국민에게 추천을 받으면 대통령 후보가 될 수 있답니다.

대통령은 국민 투표로 뽑아요. 대통령이 되면 서울 경복궁 뒤 북악산 기슭에 있는 푸른 기와집 '청와대'에서 살게 되지요. 이 곳에서 업무도 봐요.

대통령선거제도는 헌법개정을 통해 달라질 수 있답니다.

모든 나라에 대통령이 있는 건 아니에요. 일본이나 영국엔 대통령이 없고 왕이 있어요. 단, 왕은 나라를 다스릴 권한이 없어요. 실제 대통령의 일은 정당의 우두머리인 수상이 맡아 하지요.

대통령은 일이 많아

대통령은 나라의 중요한 일을 결정하고 책임지는 매우 중요한 사람이에요. 대통령은 눈코 뜰 새 없이 바쁘게 움직이며 여러 가지 일을 한답니다.

새로운 법을 만들자고 제안하고, 국회의원이 낸 의견을 반대할 수도 있어요. 세계를 돌아다니며 우리나라를 알리고, 나라를 대표해 국제회의에도 참석해요. 외국과 정치, 경제, 문화 등 여러 분야에서 관계를 맺는 외교도 해요.

그런 일이 있어서는 안 되겠지만, 전쟁을 하기 전에 다른 나라에 전쟁을 알리는 선전포고도 대통령의 일 중 하나랍니다. 군대를 지휘하고 공무원을 뽑을 수도 있어요.

나라의 중요한 일은 대통령 멋대로 결정할 것 같지만 사실 그렇지는 않아요. 대통령은 무엇보다도 평화로운 나라를 만들어 국민이 행복하게 살 수 있도록 애써야 한답니다.

이 많은 일들을 대통령 혼자서 다 할까요? 그렇지는 않아요. 국회나 국민, 기업의 도움 없이는 나랏일을 할 수 없어요. 대통령이 새로운 법을 만들자고 제안해도 국회의원들이 찬성을 해야 된답니다.

핵심 포인트

대통령이 되면 새로운 법을 제안하고, 우리나라를 알리며, 국제회의에 참석하고, 군대를 지휘하고 공무원을 임명할 수 있는 권한이 생겨요.

22. 국가는 어떻게 생긴걸까?

나는 대한민국의 국민!

평소 자신이 대한민국의 국민임을 느끼며 사는 어린이는 별로 없을 거예요. 하지만 나라 밖이라면 사정이 달라지지요. 외국인 친구들을 만나면 가장 먼저 "어느 나라에서 왔니?" 하고 물어요.

또 있어요. 2006년 세계 월드컵 대회에선 온 국민이 "대한민국~!"을 목이 터져라 응원했지요.

아주 오래 전에는 국가가 없었어요. 사람들이 모여 사회를 만들고, 사회가 복잡해지면서 자연스럽게 국가가 탄생했어요. 힘이 센 부족이 약한 부족을 정복하면서 국가로 발전하기도 해요.

오늘날 세계에는 200여 개의 국가가 있어요. 커다란 퍼즐 조각처럼 서로 이웃해 있지요. 러시아나 중국처럼 땅덩어리가 매우 넓은 국가도 있고, 바티칸 시티처럼 아주 작은 국가도 있어요.

국가가 되려면 뭐가 필요해?

세계에서 땅이 가장 넓은 국가 러시아의 수도 모스크바는 웬만한 국가만큼 큰 면적이죠. 하지만 우리나라는 어엿한 국가지만, 모스크바는 국가가 아니라 도시예요.
국가를 땅의 크기로만 나눈 것 같지는 않죠?
국가가 되려면 다음 세 가지가 꼭 필요하답니다.
우선 사람들이 모여 살 수 있는 땅이 있어야 돼요. 이를 '영토'라고 해요. 더 넓은 의미로 땅뿐 아니라 바다와 하늘까지 포함해요. 한 나라의 영토에 다른 나라의 비행기나 배가 허락 없이 들어올 수 없어요.
영토에 사는 사람들도 필요해요. 국가의 주인인 '국민'이지요.
마지막으로 '주권'이 있어야 한답니다. 주권(主權)을 한자 그대로 풀이하면 주인된 권리예요. 자기 나라 일에 관해서는 스스로 결정할 수 있는 권리지요.

영토, 국민, 주권 이 세 가지는 국가를 이루는 데 반드시 갖춰야 할 요소예요. 세 가지 중 어느 하나라도 없으면 국가로 인정받지 못해요.

핵심 포인트

국가의 구성 요소는 영토, 국민, 주권이며, 이 중 어느 하나라도 없으면 국가로 인정받지 못해요.

23. 지방 자치가 뭐야?

우리 고장 일은 우리가 스스로 해

우리나라 지도를 보면 서울특별시, 부산·대구·광주·대전·울산·인천광역시, 경기도, 강원도, 전라도, 경상도, 충청도, 제주도로 나뉘어 있어요. 대한민국이라는 같은 나라에 살고 있지만 지역마다 특색이 다 달라요. 말도 조금씩 다르고, 문화도 다르고, 환경도 달라요.

지역의 특색을 무시하고 나라에서 지역의 일을 맘대로 결정하면 불평과 불만이 늘어날 거예요. 전기가 들어오지 않는 마을에 가로등을 세우거나 차가 적은 동네에 도로를 늘리는 실수를 할 수도 있어요.

지역의 사정을 잘 아는 주민이나 지역 대표가 일을 결정하고 처리하면 이러한 실수가 줄고, 지역이 더 발전할 수 있을 거예요. 그래서 나라에서는 각 지역의 일을 지역 주민들이 스스로 알아서 결정하고 처리하도록 했어요. 이를 지방 자치 제도라고 해요. 지방을 스스로 다스리는 제도라고 보면 돼요. 줄여서 '지자제'라고도 해요.
우리나라는 각 지역의 주민들이 대표를 뽑아 지역의 일을 결정하고 처리해요. 이렇게 뽑힌 대표들이 시장이나 도지사, 군수, 시의원, 도의원이랍니다.

핵심 포인트

우리나라는 지역 주민들이 알아서 일을 결정하고 처리하는 지방 자치 제도를 운영해요.

우리 일은 우리 스스로!

대표

시청과 도청에선 무슨 일을 할까

지방 자치 단체는 크게 광역 자치 단체와 기초 자치 단체로 나뉘어요. 특별시와 광역시, 도가 광역 자치 단체이고, 시, 군, 구가 기초 자치 단체예요.

서울특별시나 부산광역시와 같이 시에 사는 주민은 '시장'을, 전라도나 경상도와 같은 도에 사는 주민은 '도지사'를 뽑아요.

시청은 시장이 일하는 곳이에요. 마찬가지로 도청은 도지사가 일하는 곳이지요. 우리 동네엔 시청이 있나요, 도청이 있나요? 잘 모르겠으면 내 주소를 떠올려 봐요. '~시'면 시청이, '~도'면 도청이 있어요.

시청과 도청에서 하는 일은 우리 생활과 매우 밀접하답니다. 버스나 전철이 다니지 않는 동네엔 마을버스가 다니게 하고, 골목길에 가로등이 고장 나면 바로 고쳐 줘요. 동네에 전염병이 돌지 않도록 소독도 해요. 쓰레기를 함부로 버리지 못하게 단속하는 일도 하지요.

주민들의 불편한 점을 해결해 주고 생활이 어려운 사람들도 도와요. 주민들이 편하게 쉴 수 있는 공원도 만들고, 형편이 어려운 사람들에게는 기초 생활비를 주거나 집이 없는 사람에겐 싼 값에 집을 빌려 주지요. 회관이나 도서관을 지어 영화를 무료로 보여 주거나 책을 빌려 주기도 해요.

핵심 포인트

시청과 도청은 지역 주민들이 편리하게 생활할 수 있도록 돕는 기관이에요.

24. 옛날에는 왜 여러 세대가 모여 살았지?

피를 나눠야 가족 아냐?

길을 걷다가 넘어져 무릎을 다치거나 속상한 일이 생기면 누가 먼저 떠오르나요? 아마도 가족일 거예요.

가족은 남편과 아내, 부모와 자식, 형제, 자매처럼 결혼이나 핏줄로 맺어졌어요. 대다수의 사람은 가정에서 나고 자라 교육을 받고, 사회생활을 하면서 또 다른 새로운 가정을 꾸려요.

꼭 핏줄로 맺어져야 가족이 되는 건 아니에요.
낳아 주신 부모님이 돌아가셨거나 부모님이 아이를 돌볼 수 없는 사정이 생겨 부모님과 떨어져 지내기도 해요. 다른 가정에 입양이 되어 새로운 가족을 만나는 경우도 늘고 있어요.
부모가 떨어져 살거나 이혼해서 엄마 또는 아빠와 살거나 할아버지, 할머니와 함께 살기도 해요. 부모 가운데 한 분이 다시 결혼해서 새아빠나 새엄마와 살기도 하고요.
세상이 계속 변하고 발전하면서 살아가는 모습도 변해요. 가족의 모습은 점점 다양해지고 있답니다.

핵심 포인트

남편과 아내, 부모와 자식, 형제, 자매로 이뤄진 관계를 가족이라고 해요. 오늘날은 가족의 형태가 점점 다양해지고 있어요.

왜 가족이 점점 작아져?

몇십 년 전만 해도 한 집에는 할아버지, 할머니, 아버지, 어머니, 자녀, 고모, 삼촌, 손자 등이 함께 모여 살았답니다. 여러 세대가 모여 사는 가족을 대가족이라 해요.
옛날에는 대다수의 사람들은 농사를 지으며 살았어요. 농사일을 도와줄 일손도 많이 필요하고, 전염병이 돌아 어린 나이에 죽는 이들이 많았기 때문에 식구가 많으면 많을수록 좋았어요.

대가족

하지만 산업이 발달하면서 젊은이들이 돈을 벌기 위해 도시로 몰려들었어요. 도시는 직업도 다양하고 새로운 일자리를 구하기도 쉬웠지요. 고향을 떠나 도시에 자리를 잡은 젊은이들은 결혼을 해 새로운 가정을 꾸렸어요. 이와 같이 부부와 어린 자녀들로 이뤄진 가족을 핵가족이라고 해요.

핵가족

도시에서는 대가족을 보기가 좀처럼 힘들지만, 요즘엔 할아버지, 할머니와 모여 사는 가족들이 조금씩 늘어나고 있어요. 부모가 함께 일을 하는 맞벌이 부부가 늘어나면서 아이를 할머니, 할아버지에게 맡기기 때문이에요.

핵심 포인트

옛날에는 여러 세대가 함께 사는 대가족이 많았고, 오늘날에는 핵가족이 많아요.

25. 우리를 둘러싼 모든 것이 환경이야

사람은 환경의 도움을 받고 살아

주위를 한번 둘러 보세요. 무엇이 있나요? 슈퍼마켓, 놀이터, 자동차, 사람, 고양이 …… 또요? 돌, 나무, 가로수……. 이와 같이 우리를 둘러싼 모든 것을 환경이라고 해요.

가로수와 자동차는 사람이 만들었지만 나무나 돌은 자연에 있는 것들이지요. 나무나 돌 같이 자연에서 만들어진 것을 자연환경이라고 해요.

우리는 늘 자연의 도움을 받으며 살아간답니다. 공기가 있어서 숨을 쉬고, 땅을 갈아 쌀, 보리, 야채 등의 먹을 것을 마련하지요. 해와 바람의 힘을 이용해 전기도 만들어요. 나무와 돌로 집을 만들어 편히 잠잘 수 있어요.

이렇게 자연은 살 곳과 입을 것, 편리하게 생활할 수 있는 자원을 제공해 주지요. 사람은 자연을 떠나서는 살 수 없어요. 사람도 자연의 일부니까요.

지역마다 자연환경은 다 달라요. 어떤 지역은 몹시 덥지만 어떤 지역은 몹시 추워요. 산에 둘러싸인 지역이 있는가 하면 바다 가까이에 있는 지역도 있어요.
사람들은 이렇게 다른 자연환경에 적응하면서 살아왔답니다.

환경 문제가 심각해

사람들은 편리한 생활을 위해 숲을 파헤치고 마구 베었어요. 그 결과 환경이 오염되고 파괴되면서 여러 환경 문제가 생겼지요.

농작물을 빨리 내다 팔기 위해 농약과 화학 비료를 마구 사용해 채소나 과일을 안심하고 먹을 수 없지요.

편리하다는 이유로 일회용 종이컵, 일회용 젓가락, 과자 포장지를 마구 사용해 쓰레기가 늘었어요. 물건이 멀쩡한데도 조금만 싫증이 나면 버리는 것도 문제예요. 포장지로 쓰는 비닐이나 스티로폼은 잘 썩지도 않는답니다.

가장 심각한 건 공해예요. 자동차의 매연 등으로 공기가 오염되고 지구의 기온이 높아지고 있어요. 태평양에 있는 섬나라 투발루는 땅이 점점 바닷물에

핵심 포인트

오늘날 농약과 화학 비료의 사용, 일회용품 사용으로 환경 문제가 갈수록 심각해지고 있어요.

잠겨 언젠가 나라가 사라질 지도 모를 위기에 처했어요.
환경이 위협받으면 사람도 살아갈 수 없답니다.

26. 쓰레기 분리수거 나도 할 수 있어

쓰레기를 어떻게 처리해?

30년 전만 해도 한 사람이 1년 간 버리는 쓰레기가 자기 몸무게 정도였어요. 지금은 그 몇 배나 되는 쓰레기를 대책 없이 버린답니다. 현재 우리나라는 세계에서 가장 많은 쓰레기를 가진 나라 중의 하나예요.

비닐이나 스티로폼은 좀처럼 썩지도 않아요. 스티로폼 하나가 썩어서 자연으로 되돌아가기까지 무려 500년이 걸린답니다. 어쩌면 지구상에 사람이 사라져도 사람이 버린 쓰레기는 남아 있을지도 몰라요.

우리가 버린 쓰레기는 어떻게 처리될까요? 정해진 요일이 되면 차가 와서 공장이나 가정에서 버린 쓰레기를 싣고 가요. 이렇게 모은 쓰레기는 대부분 땅에 묻어요. 지금의 월드컵 경기장이 있는 자리도 예전엔 서울시의 쓰레기를 묻던 곳이었어요. 나무젓가락처럼 잘 타는 쓰레기는 따로 태워 없애요. 종이와 같이 다시 쓸 수 있는 건 다시 활용하지요. 쓰레기의 3분의 1 정도가 재활용이 돼요. 쓰레기를 잘 분류해 버리기만 해도 쓰레기 양을 줄일 수 있어요. 하지만 이보다 더 중요한 게 있어요. 바로 쓰레기를 만들지 않는 일이에요!

쓰레기 분류 마크를 확인해

병, 금속, 종이, 비닐류는 다시 쓸 수 있어요. 다시 쓸 수 있는 쓰레기는 종류별로 따로 거두어요. 이를 분리수거라고 해요. 분리수거하는 일은 어렵지 않아요. 어린이들도 충분히 할 수 있어요.

재활용할 수 있는 물건엔 특별한 표시를 해 두었어요. 음료수 캔이나 우유 포장지의 구석에는 자그맣게 다음과 같은 마크가 붙어 있어요. 이 마크만 잘 기억하면 돼요.

'분리배출'은 다른 것과 구분해서 버리라는 뜻이에요. 분리배출 마크가 보이면 쓰레기통에 버리지 말고 반드시 분리수거를 해야 돼요.

쓰레기의 종류마다 분리수거하는 방법이 달라요.

종이류는 신문은 신문끼리, 잡지는 잡지끼리 구분해 따로

묶어요. 우유 팩은 남은 우유가 있으면 깨끗하게 비우고 모서리를 쫙 펼쳐서 정리해요.

병류는 같은 재료끼리 모아요. 알루미늄 캔과 플라스틱 병은 따로 모아요. 병 뚜껑은 따로 떼어 내고, 캔을 열 때 쓰이는 고리는 캔 속에 넣어요. 그러고는 음료수가 남아 있는지 확인한 다음 캔을 발로 밟아서 찌그려요. 휴대용 부탄가스는 폭발할 위험이 있으니까 가스통에 구멍을 뚫은 다음 찌그려요.

27. 정보의 바다에 풍덩 빠져 볼까?
알고 싶은 것, 알아야 할 것이 참 많아

어느 날 나무를 하던 나무꾼은 사냥꾼에게 쫓기던 사슴을 숨겨 줘요. 나무꾼 덕에 목숨을 구한 사슴은 선녀가 목욕하는 곳을 알려 주고 날개옷을 훔치면 선녀와 결혼할 수 있다고 귀띔해요. 어디에서도 들을 수 없는 고급 정보를 일러 준 거예요.

떡볶이를 만들려면 요리법을 알아야 해요. 박물관을 찾아가려면 약도를 구해야 하고요. 어떤 일을 하건 정보가 필요하지요.

정보는 매우 중요해요. 기업이 돈을 벌려면 사람들이 어떤 물건을 원하는지 알아야 해요. 좋아하는 친구의 마음을 얻으려면 그 친구가 무엇을 좋아하는지를 알아야 해요. 코피가 나면 응급 처치법을 알아야 해요.

그렇다고 모든 자료가 정보가 되는 건 아니에요. '떡볶이 요리법', '친구 사귀는 법'과 같이 목적에 맞게 만들어야 정보라 할 수 있어요. 또한 정보에 어두우면 손해를 보거나 피해를 입을 수 있어요.

정보는 보이지 않는 재산과 같아요. 예전 같으면 회사에선 공장을 세워 물건을 만들어 팔아 돈을 벌면 됐지만, 이제는 경쟁 회사에서 무엇을 만들고 첨단 기술을 어떻게 이용할지 정보를 더 많이 가지고 있어야 돈을 벌 수 있어요.

정보를 어떻게 얻지?

학교에서 숙제를 내주면 어떤 방법으로 해결하나요?
가장 간편한 방법은 인터넷을 통해 알아보는 거예요. 신문이나 방송, 책을 찾아보기도 하지요. 급하면 친구나 부모님께 물어봐도 되고요.

10년 전만 해도 주로 책이나 주변 사람들의 이야기를 통해 정보를 얻었어요. 오늘날에는 과학 기술과 정보 통신 기술이 발달하면서 인터넷을 포함한 다양한 방법으로 정보를 얻을 수 있어요.

우리는 정보의 바다에 살고 있다고 해도 지나치지 않을 만큼 산더미 같은 정보에 쌓여 있답니다. 정보가 넘쳐 나면서 거짓 정보들이 생기고, 어린이가 봐서는 안 되는 폭력적인 정보

핵심 포인트
정보를 얻는 방법에는 인터넷, 신문, 방송, 책, 어른들에게 묻는 방법 등이 있어요.

들도 걸러지지 않고 마구 쏟아져요. 감추고 싶은 개인 정보가 나도 모르게 퍼져 곤란해지거나 상처받는 경우도 생기고요.

그러므로 이 많은 정보들 중 나에게 필요한 정보를 빠르게 찾아서 알맞게 이용할 줄 알아야 돼요. 정보를 무조건 믿어서는 안돼요.

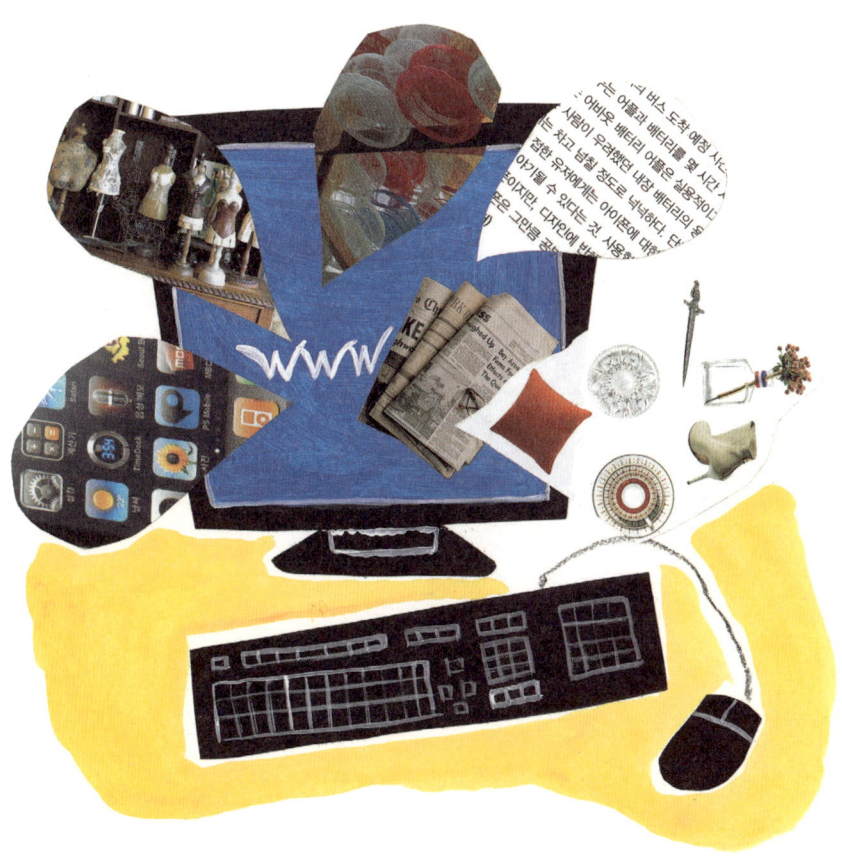

28. 상투 틀고 비녀 꽂고 결혼하자!

상투를 틀었으니 나도 어른이야

어린이는 TV도 늦게까지 못 보고, 혼자 멀리 여행할 수도 없어요. 하고 싶은 일을 마음껏 할 수 있는 어른이 부러울 때가 많을 거예요. 지금은 주민등록증이 나와야 어른 대접을 받지만, 주민등록증도 없던 옛날엔 언제 어른으로 인정했을까요? 따로 어른이 되는 시기가 있었을까요?

옛날 아이들은 머리를 길게 땋고 다녔어요. 15세~20세가 되면 남자는 어른이 되었다는 증거로 상투를 틀어 모자처럼 생긴 관을 씌웠어요. 머리를 똘똘 말아 정수리 위에서 틀어 감아

올렸죠. 여자는 15세가 되면 쪽을 쪄서 비녀를 꽂았어요. 곱게 땋아 뒤통수에 틀어 올린 머리가 쪽을 찐 머리예요.

이와 같이 관을 쓰는 의식을 '관례'라고 해요. 관례는 아주 중요한 가정의 행사였답니다. 아무리 나이가 들어도 관례를 하지 않으면 어른 대접을 받지 못했어요.

관례는 보통 설날이 있는 정월(음력 1월)에 치렀어요. 어른 옷으로 갈아입고는 서약도 했답니다.

아참, 술 마시는 예절도 배워요.

신랑, 신부가 결혼식 날 처음 만났다고?

지금이야 상상 하기 힘들지만 옛날에는 결혼식 전날까지 신랑이나 신부의 얼굴을 몰랐어요. 나이가 차면 부모님이 알아서 적당한 상대를 골라 주셨지요. 혼인 날짜가 정해지면 신랑 집에서는 신부 집으로 함을 보냈어요. 함 속에 신부에게 주는 옷감과 혼인을 약속하는 혼서를 넣었지요.

드디어 결혼하는 날이 되면 신랑은 사모관대를 그럴듯하게 갖춰 입고 말을 타고 신부 집으로 간답니다. 신부 집에 도착하면 신랑은 상을 사이에 두고 신부와 마주 서요.
두 사람은 서로 큰절을 올리고 조롱박잔에 술을 부어 함께 나누어 마셔요.
혼례를 마치면 신랑은 신부 집에서 사흘을 머문 뒤, 신부와 함께 자기 집으로 돌아가요. 신랑 집에 도착한 두 사람은 시부모님과 어른들에게 폐백을 드린답니다.